Jeux
Floraux
Azuréens
2023

Sous l'Égide de Poètes Sans Frontières - L'Étrave

Chers amis,

Nous sommes heureux de vous présenter le Livret des poètes présélectionnés, du concours « Jeux Floraux Azuréens 2023 » qui nous permet de mettre en lumière les qualités d'écriture des concurrents retenus lors d'une première sélection.

Cette deuxième édition a été un très beau succès, nous vous en remercions.

Dans l'attente de vous retrouver l'année prochaine, nous vous souhaitons amour, paix et douce lecture.

La directrice de publication Nathalie Lauro

Palmarès concours

Grand Prix du Jury :
Odile Steffan-Guillaume - Iranienne

Premier prix poésie classique / néo-classique :
Laurent Nogatchewsky - Étonnons-nous

Premier prix poésie libre :
Marie-José Pascal - Pays de poudre et de sang

Odile Steffan-Guillaume

IRANIENNE

Silhouette noire et vaine
Grimpée sur le toit de la ville
Une nuit privée d'étoiles
J'ai fauché la lune
Arraché mon tchador avec les dents
Déployé ma chevelure
À la folie des tempêtes

Des éclats de ciel coupants
Ont lézardé le silence
Perchée au bord du doute
À l'aplomb des guides suprêmes
Un pied après l'autre
J'ai progressé vers le vide
Libre je me suis envolée
Étreindre les oiseaux décapités

Laurent Nogatchewsky

ÉTONNONS-NOUS

Étonnons-nous toujours de l'aube et du couchant,
De l'ardeur du soleil dorant mers, monts et plaines ;
Étonnons-nous des nuits toutes d'étoiles pleines,
De l'immense nature et son merveilleux chant !

Sachons aussi chérir nos jours, tout en tâchant
De déceler un charme aux heures les plus vaines ;
Un cœur palpite en nous, sa sève emplit nos veines,
Le don de vivre est là, fugace et si touchant !

Étonnons-nous d'un rien, mot, regard, rire ou geste,
Rare instant sans égal, ou moment plus modeste,
Comme si nous avions tout à redécouvrir.

Pour ne pas sentir poindre un trop précoce automne,
Alors que l'existence a tant à nous offrir,
Gardons un cœur d'enfant que chaque chose étonne !

Marie-José Pascal

PAYS DE POUDRE ET DE SANG

L'aube s'avançait claire dans sa robe
De lumière, nous étions là, confondus
Par la beauté du lieu, communiant
Aux mêmes sensations, unis
Comme jamais, n'aspirant qu'à la fin
De cette guerre qui nous avait déracinés
Jusqu'à l'exode. Le ciel d'ici était le miroir
D'un autre qui nous liait
À un pays de poudre et de sang.
Tes yeux usés de tant de larmes
Reflétaient une plaine couleur de cendre,
Les premières tulipes d'un rouge pourpre,
Et les tournesols résistants à la violence
Et au chaos
Je prenais ta main ne cessant de te dire :
Nous reviendrons demain, après demain,
Plus tard encore
Les cheveux saupoudrés de craie
Courbés mais vivants,
Nous tracerons les lignes de notre futur
Dans la paume meurtrie de nos mains.

Nathalie Vincent-Arnaud

POÈME À PORTER

Poème à porter
Soie contre soi serrée
Pour enlacer
Le corps nu des pensées
Des heures effilées
Qui dévident
Leur pelote d'acier
D'ombres grises
Mal fagotées
Dans la vitrine
D'un jour qui glisse

Poème à porter
De laine pour chauffer
Les silhouettes transies
Dans la maigreur du jour

Pour ranimer en soi
Les criantes clartés
En tissant
L'organdi des songes

Laura Serio

L'OISEAU DANS LA CHAPELLE

Un tout petit oiseau, sous la voûte, se cache,
Si petit, si rieur, il ne veut pas qu'on sache
Tous ses petits secrets, tous ses petits trésors
Semés par-ci, par-là, dans les coins des décors.
Le théâtre est en bas, là-haut vit la musique,
Des petits pépiements, un gloussement magique…
L'aura colore l'onde et l'esprit se dérobe.
Le petit oiseau dit : « Voyez-vous, moi, je snobe
Votre comportement, qui me laisse songeur,
Et, je l'avoue, parfois, je suis un brin moqueur ;
Quand vous aurez fini, rendez-moi donc ma voûte ;
Et si vous le souhaitez, poursuivez votre route,
Laissez la lumière entrer par les vitraux,
Inonder la pierre et les bois verticaux ;
Quand vous terminerez, rendez-moi le silence,
Qu'il reprenne sa place et redevienne immense. »
Alors j'adresse donc cette prière aux cieux :
Rendons la chapelle à l'oiseau malicieux !

Jean-Pierre Loubinoux

MADAME LA LUNE

Je regarde la Lune, qui brille dans la nuit,
Voyageant doucement, avec grâce et sans bruit,
Qui éclaire le noir, comme un enchantement,
Pour sourire à la vie qui passe lentement...

Je regarde la Lune qui me regarde aussi,
Entourée des étoiles, dans le ciel infini,
Qui adoucit le soir, pour que je n'ai pas froid,
Pour que je n'ai pas peur dans ce monde sans toi...

Jaune et étincelante, blanche, rousse ou voilée,
Du soleil chaque nuit tu es le messager.
De face et rayonnante, ou de profil discrète,
Ces échanges entre nous sont pour moi une fête.

Je regarde la Lune et je vois ton image,
Lumineuse, élégante, qui me donne un message,
Comme on dit une histoire aux enfants pour dormir,
Tu m'invites à rêver, à croire en l'avenir...

À savoir espérer, sans me décourager,
À vouloir transformer la misère en beauté,
À mieux m'émerveiller de tout ce qui m'entoure,
En puisant dans la Lune ta belle force d'amour...

Tiphaine Elsener

VAGUE AUX AILES COUPÉES

Pour cette femme bleue, que n'aurais-je tenté ?
Je lui ai tout offert, de mes champs à la mer,
Sans aucun résultat, triste amour violenté…
Je ne m'avoue vaincu, cependant, même amer.
Cette beauté d'azur au doux cœur cruenté
Sent le sel et les fleurs, fait vibrer mon vomer,
Dérange mon frontal, j'en suis désorienté…
Suis-je trop grisonnant pour ma belle outremer ?
Obnubilé par elle, je décide de peindre,
Je choisis le rose pour mes cheveux à teindre,
Du jaune pour mes yeux, du noir pour ma rancœur.
Vexé jusqu'à la moelle, je la juge bornée,
Tend alors un filet, cueille ma bien-aimée,
Qui s'écrit : « J'exècre la couleur de ton cœur ! »

Serge Lapisse

LA MER

J'aime la tête vide… d'un pas tranquille,
Observer la mer, cette mystérieuse fée,
Le soir au crépuscule… et
Regarder le soleil s'engloutir à l'horizon.

Des myriades d'oiseaux… s'envolent
Tout d'un coup,
Pour me laisser seul sur cette plage
Contempler l'infini.
Ces mouettes… blanches
Comme la robe
Qui enveloppe le corps
De la vierge promise,

Elles se jettent dans les bras de la mer,
Tels dans ceux d'un fiancé,
Qui fait éclater
Leur premier cri de joie.
La mer est pour l'homme
Cette envoyée du ciel,
Qui reflète sur la terre
La lumière de l'éternité.

Parfois la mer… reposée et calme,
Comme une femme enjôleuse,
Nous fait pénétrer dans sa volupté.
Le soleil y accroche ses rayons.

.

Je me retrouve… allongé sur le sable,
Dans le silence… sous le regard des étoiles.

Jean Chazot †

(Donagan)

NUAGES QUI NOUS QUITTEZ

Nuages qui nous quittez sous la lune opaline,
Baladins silencieux aux tatouages noirs,
Emmenez-moi là bas sur la mer opportune
Où s'orpheline la mémoire.

Pourquoi dresser ailleurs la tente de vos pluies
Avec cet air de rats fuyant quelque navire ?
Il y a plus de ciel dans mon délire enfoui
Que dans les creux de vos voyages.

Nuages qui nous quittez, votre tournée nocturne
N'effraye pas celui qui l'aura contemplée.
C'est un doux glissement dont l'âme s'illumine.
Hors de moi-même, amis, emmenez-moi rêver.

Roselyne Morandi

ET VIBRER À L'ENVI

Épouser les couleurs
D'un bouquet d'espérances,
Le pourpre d'un baiser,
Le saphir de la nuit,
L'émeraude sertie
Des ruisseaux de la mer
Tendrement alanguis
Sur le sable argenté.
Épouser les bonheurs
Des jours sans plus d'outrances,
Les revêtir d'été
À l'heure des interdits,
En bannir les dénis
À la saveur amère
Et vibrer à l'envi
De rêves enchantés.

Olivier Henry

NAUFRAGE

Perdu dans la brume sur un océan trop connu
Il tangue, se balance au rythme de pas enivrants
Le frêle marin ayant ce cap maintes fois maintenu
Dans sa quête d'un archipel dont le sens est absent

À la barre d'un esquif où démons semblent jouer
Il orchestre seul l'équipage ramant en cadence
Rythmé de sa litanie aux propos désarticulés
Capitaine des hauts fonds ancre ses vertes stances
En mer, il pavane des cales aux ponts en hauteur
Fier de ses nombreux voyages aux diverses escales
Il se coiffe de ramages teintés de vives couleurs
Qu'importe la bicoque où traînent ses sandales

Ni les eaux accueillantes sire en piètres guêtres
Tout, ou rien, des royaumes, trône en opportuniste
S'imagine important, si puissant, ne voulant qu'être
Reflet d'une fange et d'un maître égoïste

Voguant dans les écumes s'écrasant sur les côtes
Lui ! Chargé de bulles, voire totalement dépourvu
Pantin des vapeurs et d'épaisses lourdeurs, il capote
S'endormant, couché las, au milieu de tout ce qu'il fut

Damien Berdot

(Dan Berthod)

L'ORAISON DU FRÈRE

Tu la tiens enfin, ton étoile.
Le jour s'affaiblit et s'éteint
Alors que toi, tu restes pâle,
Pour une fois comme serein.

Combien, pour cette apothéose,
Auras-tu tué d'amitiés !
Que de bons moments, que de causes
Chères à ton cœur sacrifiés !

Autour de toi, des murs austères
Que viennent souiller les éclats
D'un monde sourd à tes mystères
– Mystique incapable de foi !

Après ces efforts d'une vie
Pour finir nu sous un linceul,
Puisses-tu trouver l'apathie
– L'éternel repos, et lui seul.

Jean-Marie Cros
(Émilien)

CONFIDENCES

Elle avait dépassé les quatre-vingt-dix ans,
Depuis longtemps déjà, hantée de souvenirs
Qui remplissaient sa vie en panne d'avenir,
Elle pouvait sourire en se moquant du temps.

Ses journées se passaient sans voir beaucoup de gens,
J'aimais la fréquenter, seule à pouvoir tenir
Un discours apaisé qui me faisait grandir,
C'était ma grand-mère, je l'aimais tendrement.

Ses yeux bleus s'éclairaient lorsque je lui parlais,
Disant ma jeunesse elle revoyait la sienne,
Beaucoup d'amour perlait dans sa voix, dans ses gestes.

Nous parlions tour à tour… puis quand la nuit venait,
Tout en me priant de fermer les persiennes,
Elle tenait ma main et voulait que je reste…

Katell Cornelio

SOUS LA PLUME DE L'OISEAU-LYRE

Écrire pour la beauté du geste
Et enrouler les arabesques
Qui s'enlacent et s'enchevêtrent
Avec grâce au gré des lettres.
Se délasser, se délester
Puis dérouler toute une fresque
Aux touches plurielles de l'Être.

Écrire pour tisser les pensées
Qui filent et défilent à tout vent
S'effilent sur la râpe du temps.
Les attraper, les décrypter,
Sculpter des bribes d'éternité
Dans un sursis de liberté,
Dentelle de l'artiste araignée.

Griffer le monde et puis l'immonde
Bousculer l'ombre et la pénombre
Graver le vert et puis l'hiver,
Le sel, le ciel et l'essentiel.
Ciseler l'infime, l'intime, l'ultime,
Les abîmes et le sublime.
Greffer l'espoir comme un gratte-ciel !

Patrick Bescond

(Melen Dire)

LE VASE BRISÉ

Ce sont les éclats qui étonnent, épars.

À bien chercher, on en trouverait encore,
mais il est déjà trop tard,
le brillant chaos aux arêtes vives a rougi les mains :
la fissure a gagné son pari.

> Le silence a pris son temps,
> l'écho de la défaite résonne encore,
> on en parlera sûrement...
> oui, après.

Le tri est long, chaque morceau est un doute
que l'on essuie sans grand espoir, mais sait-on jamais ?
Les mains sont habiles, elles en ont vu d'autres.
On pense seulement aux fleurs qui périront ailleurs,
tant pis pour elles.

> Le souvenir s'affiche en rond de poussière,
> il est temps d'oublier, on ne pleure pas pour ça,
> je crois.

Philippe Pauthonier

LE POÈTE

Le poète est semblable au prince des nuées.
Son cœur tendre est en proie aux affres de la nuit,
Et ses émotions, jamais atténuées,
Noircissent son parchemin au-delà de minuit.

Sa nature impulsive et son âme bohème
Font germer une idée à chacun de ses pas,
Et quand sa plume saigne, elle pleure un poème ;
Très tôt, l'artiste pense à son futur trépas.

Dans son esprit fertile apparaissent tant de rêves,
À foison comme fleurs au début du printemps,
Et sur son écritoire, il n'y a pas de trêves,
Ses mots coulent à l'instar des ondes d'un torrent.

Il puise, le matin, dans le blanc des nuages
Et leurs contours mouvants, une inspiration,
Comme un signe divin qui fleurirait ses pages.
Certains croient qu'il écrit par procuration.

Il naît à tout instant en contemplant le monde.
Déferlent sur ses jours, la pluie et le soleil,
Alternance d'espoir, de tristesse et de fronde,
Qui jalonnent sa vie aux couleurs arc-en-ciel.

James Simon

ERRANCE

Mon cœur était absent
Du parcours d'espérance,
Mon âme en vadrouille avait mis l'accent
Sur celui de l'errance.

Il fallait cheminer longuement sur la route
Sans vraiment voir la fin,
Redoutant la déroute
J'espérais si souvent d'en voir le bout, enfin.

En de très cours moments j'ai pu croire au miracle
Mais qui n'a pas duré
Un curieux cénacle
M'avait trop torturé.

Aspirer à la paix, surtout pas à la guerre
Mon âme ainsi vivait.
Certains n'acceptaient guère
Mais je voyais au loin qu'un bonheur arrivait.

Mon cœur était vivace,
Il répondait présent pour tous nos beaux rencards,
Quelques mauvais esprits voulaient que tout s'efface
Mais ces gens d'amertume étaient mis au placard.
Dès lors, je vis bien plus peinard
Au doux chevet de ma maîtresse
Pour mieux contempler son regard,
Elle a chassé en moi tout élan de tristesse.

Annie Buche

JEUX DE MIROIRS

Ici vibre doucement le miroir de l'onde
Sans cesse naissantes, gouttes jumelées
Impermanente ressemblance d'une eau féconde
Accroche un soleil ras aux herbes enchevêtrées

Sur un brin de lueur éblouissante l'esprit folâtre
Devine ailes et bruissement de libellule altérée
Instant de paix comme auprès de l'âtre
Hypnotise l'esprit, et perçoit là une petite fée

Demi-allongée sur la mousse moelleuse d'une roche
Contemple, jeune visage rêveur, le ruisseau ombragé
Saisi le gazouillis de l'eau qui se heurte et s'accroche
Aux pierres et branches par l'hiver délaissées
Instant délicat et fugitif d'un miroir flottant
Dimension changeante et subtile entraperçue
Parenthèse entre deux mondes flânant
Reflet attrapé, instantané inattendu.

Françoise Vizy

ÉCHAPÉE BELLE

La beauté se lit les yeux fermés,
Présente là où on ne l'attend pas,
Parfois assise près du cœur,
Éphémère, elle irradie la vie.

Mystérieuse et poignante,
Un immuable tourbillon,
Ciselant le regard de l'autre,
Elle danse et vibre au delà du temps.

Dame nature sait l'enfanter,
Car fougueuse et intrusive,
Elle se décline à l'infini,
Tapie sous les notes d'un piano.

Son sourire, un enchantement,
Sa candeur, une flamme sacrée,
Lumineuse et controversée,
Elle brille tel un feu follet.

Précieuse voire subjective,
Et pour le moins insolite,
Sa magie donne le vertige,
La déceler relève de l'art.

Nul ne peut la toucher du doigt,
Seul le peintre la couche sur sa toile,
Son parfum frise l'imaginaire,
Une perle dans un écrin nacré…

Vaporeuse et subtile, un fabuleux mirage !

Yvan Baccouche

LA NYMPHE NOYÉE

J'ai plongé à travers l'eau les yeux de mon âme,
En remuant la vase, j'ai aperçu ton sourire,
Au fond tu as reconnu le bout de ma rame
Que tu as saisi en essayant de sortir,

Sans un mot, sourire aux lèvres, tu m'as vu m'enfuir
En m'appelant douceur pour ne pas m'effrayer,
Mais je n'ai su m'approcher de toi, te saisir
Comme naguère lorsque l'amour nous enveloppait,

Je t'avais tant cherché sur cette Terre, sous cette eau
Où tu t'étais réfugiée loin de la folie,
Qu'en te voyant errer à l'opposé des flots,
Je me suis égaré près des berges fleuries,

Et depuis ce jour, le reflet de l'eau renvoie
Au sein des nénuphars, ton image chérie
Que je ne cesse de caresser du bout des doigts
En espérant la retenir à l'infini.

Gérard Bouni

INSOMNIE

Quand me fuit le sommeil, j'aime mon insomnie

Je sais qu'elle viendra, j'ai plaisir à l'attendre
Comme une page blanche, intacte, immaculée,
Elle me trouble elle m'attire et m'intimide.
Face à face avec moi, qui m'invite à penser.

Sur cette page vierge, affiche proposée,
Je peux me délester du poids des idées noires
Qui encrassent ma tête à la tombée du soir.
En mettant à profit les conseils de la nuit.

Quand me fuit le sommeil, j'aime mon insomnie.

Je peux y libérer toutes les idées folles
Que je garde à l'attache au long de la journée.
Je laisse ces idées en vrac, en liberté,
Ruer dans les brancards, se moquer de la rime,

Pied de nez majuscule à la stricte syntaxe.
Elles feront s'ouvrir au milieu du fatras,
Porte ouverte au hasard d'un chaos provoqué
Le lys pour Ophélie, la rose pour Cassandre.

Quand me fuit le sommeil, j'aime mon insomnie.

Léon Galo d'Arsac

RONDEAU DE NOS VIEUX JOURS

Parfois je t'imagine avec dix ans de plus
Couchée à mes côtés dans l'alcôve complice.
Quelque ride en mourant dessine avec délice
Un sillon gracieux sur tes traits détendus.

Sous ton souffle, légers, à peine retenus,
Quelques cheveux blanchis dansent avec malice...
Parfois je t'imagine avec dix ans de plus
Couchée à mes côtés dans l'alcôve complice.

Ton automne assagi, sous mes regards émus,
En faisant fi de l'âge et de son maléfice,
Toujours à mon désir impose un doux supplice,
Et de ton corps toujours me chante les vertus.

Parfois je t'imagine avec dix ans de plus...

Marianne Loeble

MON AMI LE BÉDOUIN

Badran le bédouin
Était assis sur son tabouret
Il alluma la bougie
Nous la regardâmes à notre façon
En préférant les mots au thé

« N'affronte pas la tempête
En faisant face aux autres »
Susurra le bédouin
« Incline-toi un peu
Pour mieux te relever après »
« Tu as raison ! » dis-je

« Bois le thé qui arrose l'arbre de vie !
As-tu des amis ? »
« Oui, je les sens près de moi »
Le bédouin répondit :
« Dieu est à mes côtés... »

Badran et moi
Allumâmes la bougie
En la regardant à notre façon
Nous préférions les mots au thé

Élisabeth Le Garrec-Esmieu
(Zabeth)

TOI ET MOI

Si tu devais un jour ne plus être avec moi
Ni partager mes jours ni partager mes joies,
Et me laisser si seule que j'en mourrai je crois,
À quoi me servira ce monde? il sera si étroit…
Plus de rires et surtout plus le son de ta voix
Plus cette douce musique qui coulait de tes doigts,
Plus de voyages à deux, plus de complicité,
Mais un vide sans fin, une vie dépeuplée…
Des nuits tristes et moroses, des matins sans éclat.
Tu seras parti loin et mon cœur saignera.
Alors je t'en supplie, reste là près de moi,
Ménage ta santé, tes jours sont si précieux,
Ne joue pas de ta vie pour rendre un pieux service
Sois avant tout pour moi, ma moitié, mon mari,
Et jusqu'au bout, crois moi, je serai près de toi.
Je ne peux concevoir un seul instant sans toi,
Savoure ces trésors qui sont à toi et moi
Ces instants si précieux, si souvent partagés,
Emmenons les très loin jusqu'à l'éternité.
Et dans un seul élan restons main dans la main.
Profitons de la vie sans retenue, sans fin,
Faisons de chaque jour un merveilleux demain.
Et moi dans mon regard il n'y aura que toi….

Chantal Cros

LE BULBE ROUGE CROATE

On l'aperçoit de loin sur la route du Monténégro,
Il est comme un phare de paix sur ce pays contrasté
La guerre, ici a fait rage et tué. Les Serbes et les Slovènes,
Les Bulgares et les Grecs ne peuvent se souffrir et peinent
À être tolérant ; car les luttes sont sévères pour la terre
L'ancienne Yougoslavie n'est plus et la frontière
Divise les montagnes de ces campagnes austères.
Mais le temps a passé et l'église de rêve orthodoxe
a réconcilié les ennemis anciens. La jeunesse actuelle
Oublie tous les méfaits et veut chanter l'amour et la paix
retrouvée
Les icônes scintillent et les statues luminent dans les
cierges offerts par ces fervents pieux. La verdure cache se
joyaux avenant ; la source abreuve le passant et les
sommets frétillent dans le vent du foehn au printemps. Je
suis persuadée que c'est une île de sauvegarde et de
pardon et je prends la photo pour dessiner plus tard la vue
de la beauté, la poésie de la joie signe dans ce pays de
gratitude innée

Marc Nieuwjaer

QUELQUES ROSES SAUVAGES

Tu me donnes la main, je me sens rassuré,
Pour parvenir sans peur jusqu'aux plus hautes branches,
Tu repeins tout de bleu mes ciels noirs de nuits blanches,
Me montrant de la vie un tableau coloré.

Mes jours sont revêtus de ton parfum suave,
Tu me donnes la main, je me sens rassuré,
Contre un dragon hideux au regard acéré,
Sous ta jupe à couvert, je me bats comme un brave.

Tu es fière de moi, ton amour est ancré,
Tu pourrais s'il le faut déplacer des montagnes,
Tu me donnes la main, je me sens rassuré,
Sur les sentiers ardus toujours tu m'accompagnes.

Pour ta fête maman j'ai parcouru le pré,
Tu m'aides à voler, sans cesse m'encourages,
Permets-moi de t'offrir quelques roses sauvages,
Tu me donnes la main, je me sens rassuré.

Arnaud Mattei

SIXIÈME SYMPHONIE

Glas des bonheurs perdus, sixième symphonie
Près d'Alma tu aimais, allegro sentiment.
Lyrisme sans espoir, parchemin testament
Les cuivres l'annoncent, la mort est félonie.

Notes noires de deuil, puissance tyrannie
Les trilles entonnent un scherzo hurlement.
D'un soupir épuisé, sordide mouvement
Ta fille s'envole, souffrance vilénie !

Glissando de l'alto sur le monde destin
Merveille de Mahler, son andante festin
Pour un moment oublie les fantômes ténèbres.

Au marteau de Vulcain, titanesque final
Par trois coups annoncés, désespoir infernal
Les spectres se lèvent aux oraisons funèbres.

Pascal d'Albé

PIERROT

Pierrot lunaire,
lunatique,
mal luné…
Clown triste à la bouche en croissant de lune,
poupée de chiffons blancs perdue dans des habits
trop grands,
avec des yeux qui implorent
en pleurant des perles de lune…
Valse triste…

Pourquoi triste ? dit l'enfant…

Et il prend le Pierrot sous son bras,
comme s'il partait en voyage,
le Pierrot triste d'être triste,
qui n'a jamais demandé à être triste,
mais qu'on a fait comme ça,
méchamment ;
et il le pose
sur le paquet de linge,
pour qu'on lave sa tristesse,
comme on lave une chemise sale…

Denis Prost

AURORE BORÉALE

Être et avoir été, une clarté commence.
Nudité de l'été, une lumière brune
Impose un œil gelé où la patience pense.
La mission de l'été immobilise l'une,

Et l'autre, qui renie sa souffrance opportune.
Agressive clarté où vient mourir la lune,
L'événement avoue une jouissance dense,
Surnuméraire enfui qui charme et ensemence.

Et l'autre condamné par sa colère brune
Surnuméraire enfoui qui charme et ensemence
Dieu attire la nuit dans sa colère dense
Colère en mal de bruit où s'alourdit la lune.

Le soleil de la nuit où pleure un ange dense
Ensemence l'ennui où quelqu'heure commence.
Le lait de la clarté transpire de rancune,
Avide satiété d'une clarté commune.

Élisabeth Simon

L'ENFANT DE KIEV

De cet endroit souillé à jamais,
L'enfant fuit sans se retourner, le bruit des os qui craquent
sous les coups d'une crosse.
Il court sans s'arrêter.
Il pense à Kyi son ours en peluche,
Enseveli sous les gravats de la maison,
Qui va le rassurer ?
Lui parler ?
Il court sans relâche.
Larmes-douleurs et mal-profond,
Brûlent son âme orpheline meurtrie par l'odeur de la peur.
Il court à perte de souffle.
À la respiration désordonnée d'un petit animal en
panique,
Effrayé, l'expression de son visage se paralyse presque.
Il fait tellement froid dans la forêt de Białowieża.
Dès lors, s'imposent à lui des souvenirs d'images-chocs,
D'une terre au sang impur versé pour la liberté,
De ses parents à l'effroyable regard fixe.
Un crime en héritage,
Que l'enfant ne peut effacer de sa mémoire, à
l'insouciance déjà perdue.

Éric Ravier-Vituret

(Cire)

L'ART NATUREL

Le doux et chaud zéphyr porte,
Comme les chants dans les vents
Qui soufflent dans tous les champs,
Mille fragrances si fortes.

La rivière s'emporte,
Comme les contes d'antan,
De bouche à oreille filant
Avec tout ce qu'elle transporte.

Tant de si beaux phénomènes,
Arc-en-ciel ou aurore,
Font chavirer l'âme humaine.

Tant de merveilleux trésors,
Mais Nature est ainsi faite,
Qu'elle fuit tel l'anachorète.

Jean-Marie Leclercq

TES REGARDS EN PEINTURE

Chère Julie, tes beautés ont troublé la nature,
tes yeux ont mis l'amour dans son aveuglement,
et les Dieux, occupés après toi seulement,
laissent l'état du monde errer à l'aventure.

Voyant dans le soleil tes regards en peinture,
ils en sentent leur cœur touché si vivement
que, s'ils n'étaient cloués si fort au firmament,
ils descendraient bien tôt pour voir leur créature.

Crois-moi, qu'en cette humeur ils ont peu de soucis
ou du bien ou du mal que nous faisons ici ;
et, tandis que le ciel endure que tu m'aimes,

tu peux bien dans mon lit impunément coucher :
Julie, que craindrais-tu, puisque les Dieux eux-mêmes
s'estimeraient heureux de te faire pêcher ?

Christiane Renard-Gothié

(Hermeline)

DESTIN

Il est plus tard que tu ne penses
Déjà le jour décroît,
Il est plus tard que tu ne crois
Voici, la nuit s'avance,

Elle porte le vent qui danse
Pousse le temps qui passe,
Doucement les clameurs s'effacent,
Et vogue la cadence…

Les mailles de nos souvenirs
Tissent la trame blonde
Qui, invisible et vagabonde
Escorte nos délires,

Mais à la fin il faut partir,
Entends-tu le refrain
Berçant les ombres du chemin ?
C'est la voix du zéphyr,

Le chant des anges musiciens
Qui guide les fidèles
Vers les demeures éternelles,
Allons, viens !

Yvan-Didier Barbiat

LES CASCADES D'AMOUR

Aux tourbillons perdus
dans le bouillonnement des méandres
J'accrocherai mes vœux à chaque goutte d'eau.
Sans bouteille à la mer
J'attendrai la réponse à mes rêves
Dans l'écume du torrent,

ainsi de gours en gours balancés par les vaguelettes
Je chanterai mes vers
dans le tumulte des flots dansants...

Quand la guirlande d'argent des ruisseaux réunis
dessinera sur la roche
des notes scintillantes,
les nymphes et les sirènes
dans le fracas des cascades

écouteront dans des coquillages
la résonance de mes mots
sur ce courant d'amour
que berce l'univers.

Laura Pilorget

ÉTOILE

Allongée sur le lit, elle déforme sa peau,
S'amusant à répondre aux petits coups de pied,
Elle est prête et l'attend, il sera là bientôt,
Elle est prête et l'attend, quand son ventre se tait.

L'inquiétude résonne, dans ce soudain silence,
Il doit sûrement dormir, et va se réveiller,
Mais lorsque l'examen brise sa dernière chance,
On prononce l'impensable : « son cœur s'est arrêté ».

Et c'est l'âme en lambeaux qu'elle va le mettre au monde,
Subissant l'effort vain, dans une salle sans bruit,
Pour découvrir enfin, juste en quelques secondes,
Ce que l'on doit apprendre tout au long d'une vie.

Y'a t'il plus douloureuse, plus injuste violence ?
Que de se voir voler ce bonheur attendu,
Et de rentrer chez soi, reconduit par l'absence,
Les bras remplis du vide de n'avoir rien vécu.

Mais où es tu passée, jolie petite étoile ?
Même les lèvres qui t'aiment taisent désormais ton nom,
Craignant les maladresses qu'un souvenir dévoile,
Là où l'oubli ravage ce qu'il reste de bon.

Il faudra pourtant dire à ceux qui viennent ensuite,
Que depuis ta naissance tu illumines le ciel,
Veillant sur tes parents, dont la mémoire s'agite,
À chaque instant pour toi d'un amour éternel.

Antonia Baro

(Estrella de Luz)

VOYAGES

Je m'évade dans des voyages,
Sous forme de contes ou d'épopées.
Des espoirs qui partent à l'abordages,
Qui font écho à tous mes souhaits.

Dans cette traversée de mon imagination,
Je retrouve une volonté combative.
Rien n'est chimère ni spéculation,
À moi d'oser, pour atteindre l'autre rive.

Je suis la star de cette constellation,
En tournée, avec les astres qui me guident.
Comme un roman sous forme de narration,
Le soleil relate ce récit candide.

En pèlerinage, J'explore tous mes songes,
Sous les étoiles je rêve d'amour et d'idéal.
Digne d'une fable, cette douce moralité se prolonge,
« Les souhaits s'exaucent, par le cœur et le mental »

René-Pierre Buigues

LE GOÉLAND

Remontant le fleuve, des proches latitudes,
Il se laisse glisser, vers des eaux moins profondes.
Le goéland surgit, il dévie lentement,
Quittant son océan, il cherche l'autrement.
Bien au-dessus de lui, ce son lourd le devance,
Occultant le calme, bruyant, un point avance.
Un avion est là, bout d'un coup de pinceau,
Trainée fuyante et large qui surmonte l'oiseau.
Étrange spectacle, que ce triste contraste,
Entre métal et vie, le combat est funeste.
Porté par de forts vents, le laridé attend,
Ignorant la guerre, cet homme qui prétend.
Les animaux luttent, et les fleurs se rénovent,
Entourant notre vie, les poésies nous sauvent :
Quand la Nature meurt, vers nos sens appauvris,
Parlent à nos âmes, ces nobles chants meurtris

Vasily Sterligov

LES RÊVES INASSOUVIS

À l'heure du crépuscule des rêves inassouvis,
Leur chute fracassante fait de l'âme un désert.
L'avenir pourrait-il nous mettre plus bas que terre ?
Comment tourner la page pour être encore en vie ?

Notre mauvaise époque rouvre la boîte de Pandore.
Quand on vit sans espoir, ne cesse-t-on pas de vivre ?
Le sort est-il plus fort que la volonté libre ?
N'étant pas encore né, n'est-on pas déjà mort ?

Le destin mêle les cartes, pareil au timonier
Qui gouverne son bateau à travers l'inconnu.
Au fond du gouffre amer, qu'est-ce qui peut nous sauver ?

Gardant nos espérances, nous sommes convaincus
De ne pas refuser les plaisirs de la vie
En cessant nos recherches du paradis perdu.

Daniel Mary

SOMMEIL D'UN ANGE

La chambre est assombrie par des volets mi-clos,
Cependant dans un coin tout près de la fenêtre,
On distingue un couffin où dort un petit être:
Un paquet de chiffons, une âme, un angelot,

Un tout petit bambin frêle comme un oiseau
Dont le souffle de vie produit par son haleine
Donne un son si ténu qu'on le distingue à peine
Malgré la grande paix qui nimbe berceau.

Dans ce profond silence où flotte un air d'amour,
Parmi les affiquets décorés de dentelles,
On croit entendre comme un doux bruissement d'ailes
De génies protecteurs voletant alentour.

Quel merveilleux spectacle innocent et divin
Qu'un chérubin blotti dans le creux de ses langes:
Heureux présent d'un Dieu sans pudeur ni mélanges
Pour mettre dans nos cœurs un onguent souverain!

Alors de nos pensées, de nos esprits pervers,
Les peines, les tourments, les soucis, les misères
S'effacent brusquement pour n'être que chimères
Et nos maux quotidiens deviennent moins amers.

Céline Michallet-Ferrier

(ledomainedesmuses © MlleC)

DÉSOLATION SÉPIA

Quand ma chambre se vide au bord du désespoir,
Plus rien ne vient combler ces blancs qui se déposent
Sur les murs de ma vie, sur le lit de ma prose :
Où ranger, à présent, tous ces rêves d'un soir ?...

Commode ou pas, je dois, au fond d'un vieux tiroir,
Plier en quatre, enfouir, entre deux ecchymoses,
Le drap d'une jeunesse écorchée par les roses
Et mes rires brodés sur ce triste mouchoir.

L'ombre des ronces court sur mon parquet d'ébène
Qui craque, vermoulu, sous le poids de ma peine
Et la pierre s'effrite aux creux de l'abandon…

Tout moisit : mon logis, mes printemps sous la bruine,
Ma philo de boudoir… Personne, à l'horizon,
Ne vient pour rebâtir mon cœur tombé en ruines.

Marie-France Cunin

IL PART

Il part à petits pas ;
Il a fait ses bagages
Dans un fouillis d'étoiles, de pervenches et d'eau vive

Il emporte avec lui
Le rire des cascades,
Un friselis d'oiseau sur le front du printemps
Et l'odeur de la mer.

Parfois,
Il se retourne
Pour un dernier sourire,
Un ultime clin d'œil,
Alors
Le temps suspend son cours
Au sablier des méprises.

Il part à petits pas,
Parsemant son chemin
De rêves en lambeaux,
De débris d'espérance
Et la rosée des larmes scintille,
Accrochée aux herbes de la mémoire.
L'ombre d'étend,
Dans un sanglot de lune,
Sur un ciel soudain devenu vieux.
Vagabond sans frontières
Le bonheur est parti.

Daniel Augendre

ALCHIMIE D'UN CIEL DE PLUIE

Le plomb et l'étain
Mêlent les scories
De leurs coulées épaisses
Dans le creuset céleste.

Le gris étale tous les tons
De sa triste palette,
De l'opalescence à la cendre
Du charbon consumé.

Les murs crépis semblent plus clairs
Qu'hier, et l'ardoise se noie
Dans la poix et la suie
Qui engluent tous les toits.

Un clocher téméraire
Tente d'éventrer, de son dard épointé,
La panse obèse de la nuée.

Comment ces nuages gravides,
Lourds et ternes,
Peuvent-ils enfanter
Cet élégant arc-en-ciel ?

Alchimie...
Alchimie d'un ciel de pluie.

Patricia Bonnaud

COMME UN FÉTU DE PAILLE

Comme un fétu de paille aspiré par le vent,
Je rejoins, chaque jour, mon futur et j'avance.
J'aimerais bien mener ma vie comme une danse
Mais le présent s'impose et décide souvent.

Ai-je libre pensée ? Suis-je vraiment moi-même ?
Comme un fétu de paille aspiré par le vent,
Je flotte entre deux eaux, j'inspire et je ressens
Un air de liberté, une envie de poème.

J'ai deux moitiés en moi : les jambes et la tête,
Les unes sont la terre, l'autre, un élément
Comme un fétu de paille aspiré par le vent
Soufflant rimes et mots comme en un air de fête.

Mon corps est ma racine, mon passé, mon avant,
Bien posé sur le sol, il me rattache au monde,
Quand ma tête s'envole en une folle ronde,
Comme un fétu de paille, emporté par le vent.

Jean-Noël Cuénod
(Phelix)

IL Y A DEUX ANS, SAMUEL PATY...

Un coup de couteau jamais
N'abolira la lumière
Ils peuvent nous égorger
Éparpiller notre corps
Le disperser à tous vents
L'enfouir dans le désert
Cette braise en nous luit
Et luira après la mort
D'autres mains tendront leurs paumes
D'autres cœurs la capteront
Pour la transformer en flamme

Ils peuvent trancher nos veines
Et faire couler notre sang
Il deviendra ruisseau
Torrent, rivière, fleuve
L'océan en sera rouge
Comme lèvres de la femme
Qui embrassent le ciel
Libre étreinte de l'amour
Pour engendrer des étoiles

Noëlle Arnoult

MINUIT

C'est l'heure des sorcières
Mais aussi des prières,
L'heure où la danse jaillit,
L'heure où bruissent les habits…

Là où la robe glisse
Sous tes mains de délice,
Là où la bouche murmure
Sous le mur obscur.

Une musaraigne descend
Sous le lierre remontant
Agrippant ma chevelure haletante
Et ma chair pantelante…

Nue dans la pénombre,
En déesse de l'Ombre,
Voici mon corps offert,
Voici mon âme d'hiver.

Sous la lune tapie,
En secret, de lumière travestie,
Les opalines étoiles descendent
Lorsque ta chaleur me transcende…

Patrice-Gabriel Chénet

BOUTS DE CHANTS D'ELLE

Ta voix amie me parle, à mi-voix ; de toi, moi, de la vie
Elle m'envoie des images qui s'animent et me voyagent
Elle y joint un message qui m'agite, ou parfois m'assagit
Agile, son larsen ravissant jaillit et nous aménage
Des envies, un massage ou des passages magiques…
Elle s'immisce jusque dans mes non-dits, vérités larvées
Et me glisse des missions géniales, immenses
Elle danse, ta voix, et me lévite
À l'évidence elle dit vrai, juste ; me reverdit
Elle soulève une houle vitale, elle m'envoute
Ote mes rames et arrime mes voiles à marée haute
Alors, ses doigts veloutés me tendent une échelle
Debout sous la voute − belle douche d'étoiles
Enlacé par ce chant doux, qui nous élance dans le vide…

Morgane Vigoureux

SENSORIALITÉ

Odorat,
Sens ayant cette capacité
De faire voyager
À travers les années.

Enchantement
Permettant de réveiller
Des sentiments oubliés.

Trésor,
Que le nez a humé
Pour plonger
Dans la poésie du passé.

Arôme gourmand d'un enfant,
Effluve rassurant d'un parent,
Parfum enivrant d'un amant.

Mystère
D'un pouvoir chimérique
Qui réactive une relique
Préservée par une âme nostalgique.

Sensorialité,
D'un bref instant,
Où le passé se sent au présent.

Christel Lacroix

JE SUIS

Je suis cet océan qui divague
Comme le marin seul en voyage
Je suis cette phrase qui zigzague
Comme l'éclair aimera l'orage

Je suis la douceur qui bourgeonne
Comme l'amant à chaque caresse
Je suis la chanson de l'automne
Comme l'arbre en perd sa liesse

Je suis cette lettre qui gambade
Comme le chevreuil qui s'enfuit
Je suis ce mot étrange qui s'évade
Comme le prisonnier encor'en vie

Je suis cette corde qui s'étire
Comme le violon devient fou
Je suis l'infiniment qui délire
Comme l'horizon à son bout

Je suis cette terre qui s'isole
Comme cette île des tentations
Je suis cette pensée qui se désole
Comme une mère sans illusions

Je suis cette lumière qui s'allume
Comme l'étoile répond à la nuit
Je suis cette page qui s'assume
Comme une femme sans abris

Je suis cet alexandrin qui s'use

Comme un poète au cœur tendre
Tu es mon inspiration et ma muse
Parce que tu peux me comprendre

Valérie Decante
(irréalisez)

LA COURTE ÉCHELLE

Ce matin le vent m'a précédée,
il a tant et tant soufflé, que les nuages il a dispersés,
avant que mes rêves de s'achever n'aient décidé,
et que dans mon lit, je finisse de me prélasser.
Découvrant le bleu du ciel,
mon esprit subitement en éveil,
au plaisir a fait la courte échelle,
Il savait que la journée serait de celles,
dont on se doit de pleinement profiter.
Alors je l'ai imité.

Laurent Chobaut-Dohr

SOLEIL NOIR

Le soleil est au zénith, mon cœur au nadir ;
Entre mes murs, la brise va s'anordir.

Soumis au tonnerre de ta détresse,
Ombres et foudres lézardent ma forteresse.
Là-bas, le Mont-Blanc se peint de noir.
Entre tes murs, le blizzard du désespoir
Influe tes émotions,
Loin de la raison.

Noyée par la volée des chocards,
Observe ces charognards à la robe ébène,
Ils voient dans les immondices une aubaine.
Regarde ces ailés chamoniards s'élever du brouillard.

Sourire au soleil noir des ténèbres
Ultime facétie à tes envies funèbres
Refusons-lui cette proie qu'il, déjà, célèbre.

Là-bas, le Mont devenu Noir ;
Estompe, enfin, par le blanc ce maudit couloir.

Maintenant, grisé par cette nuance,
Orientons la boussole des émotions vers le levant.
Nous résisterons aux vents du couchant,
Toute notre vie, sans défaillance.

Belle de nuit, du jour accepte l'ivresse.
Là-bas, le Mont repeint en Blanc
Attends ton arc-en-ciel étincelant.

Non ! Tu ne seras jamais seule sur tes sentiers troublants.
Chantons à l'or solaire ta nouvelle allégresse.

Lola Berthomé

(lavieenproses)

J'AI ÉCRIT UN POÈME EN VERS LIBRES

J'ai écrit un poème en vers libres,
J'ai écrit un poème libre, en verre,
Je ne voudrais pas le briser,
En lui disant un mot de travers.

J'ai écrit un poème en vers libres,
J'ai écrit un poème libre, en vert,
Je le sépare des autres poèmes virtuoses,
Pour pas qu'il ne devienne trop rose.

Mon poème en vers vert en verre,
A des éclats de beauté dans la voix,
Mon souffle est coupé lorsque je le lis,
Et je reprends des couleurs lorsque il est fini.

Étienne Busquets

LES NEIGES ÉTERNELLES

Pauvre loup égaré au milieu des cités,
Au bord de l'autoroute,
Tu rêvais de sentiers, de chemins escarpés,
Éloignés de la route ;

Tu rêvais de forêts, de voûtes étoilées,
De lune qui envoûte,
Tu rêvais de torrents, de courses effrénées,
D'une louve sans doute.

Tu viens de décider de rebrousser chemin,
Cela quoi qu'il t'en coûte,
De rebrousser chemin vers un nouveau destin,
Vers de nouvelles joutes.

Tu sais la montagne rebelle,
Alors tu as imaginé,
Pensant aux neiges éternelles,
Descendre vers les Pyrénées.

Tu rêvais de sentiers, de chemins escarpés,
Tu rêvais de forêts, de voûtes étoilées,
Tu rêvais de torrents, de courses effrénées,
De rebrousser chemin vers une louve aimée.

POÉTESSES & POÈTES

39	Jean-Marie LECLERCQ
40	Christiane RENARD-GOTHIÉ
41	Yvan-Didier BARBIAT
42	Laura PILORGET
43	Antonia BARO
44	René-Pierre BUIGUES
45	Vasily STERLIGOV
46	Daniel MARY
47	Céline MICHALLET-FERRIER
48	Marie-France CUNIN
49	Daniel AUGENDRE
50	Patricia BONNAUD
51	Jean-Noël CUÉNOD
52	Noëlle ARNOULT
53	Patrice-Gabriel CHÉNET
54	Morgane VIGOUREUX
55	Christel LACROIX
56	Valérie DECANTE
57	Laurent CHOBAUT-DOHR
58	Lola BERTHOMÉ
59	Étienne BUSQUETS

Les **JEUX FLORAUX** sont des concours de poésie dont les frais d'inscription financent les projets humanitaires de l'association **POÈTES SANS FRONTIÈRES - L'ÉTRAVE** (revue de poésie).
— depuis le début de la guerre en Ukraine, aide à 138 femmes et enfants réfugier dont l'association P.S.F. s'occupe —
Les lauréats des différents concours régionaux sont automatiquement sélectionnés pour le concours final des **JEUX FLORAUX DE FRANCE** dont le 1er prix consiste en l'édition du recueil aux éditions La Nouvelle Pléiade.

**Poëtes Sans Frontières - Revue L'Étrave
Association d'aide humanitaire
aux populations en difficulté.**

21 Rue des Veyrières
84100 Orange
Fixe/fax : 04 90 34 60 73
Portable : 06 74 07 37 08
letrave@wanadoo.fr

www.psf-letrave.fr
Instagram : poetes_sans_frontières

Association poétique Luna Rossa
Association Loi 1901
Siret n°89506621500016
Siège social :
"La Lézardière" bat G
64, avenue du 3 septembre
06320 Cap d'Ail - France

www.associationpoetique-lunarossa.com
Facebook : Association Poétique Luna Rossa
Instagram : poesies_lunarossa

Pour demande d'information sur nos publications
associationpoetique.lunarossa@gmail.com

Pour l'envoi de vos tapuscrits :
redaction@associationpoetique-lunarossa.com

POUR INFORMATION

La rédaction n'est pas responsable des textes qui engagent la seule responsabilité de leurs auteurs et leur envoi implique l'accord pour leur libre publication.

Directrice de publication : **Nathalie Lauro**
Présidente de l'Association Poétique Luna Rossa

À suivre sur **Facebook** : Nath-Alice Lauro
Instagram : nath_alicelauro
Site web : www.nathalielauro.com

Contact :
info@nathalielauro.com

Printed in Great Britain
by Amazon